Christina Klein

Wie Sie einen Schenkungsvertrag aufsetzen

interna
Ihr persönlicher Experte

Christina Klein

Wie Sie einen Schenkungsvertrag aufsetzen

interna
Ihr persönlicher Experte

Sie haben einen Ratgeber aus unserem Verlagsprogramm erworben. Damit haben Sie sich ständige Aktualität gesichert: Denn wir produzieren unsere Bücher für Sie digital, damit Sie nicht erst auf die nächste Auflage warten müssen, bis Sie von neuen Gesetzen oder Regelungen erfahren. Änderungen und Aktualisierungen arbeiten wir ohne Zeitverzögerung direkt in unsere Ratgeber ein. Unser monatlicher Newsletter informiert Sie über Ratgeber-Aktualisierungen und Neuigkeiten zu Ihrem Interessengebiet – und zwar kostenlos. Denn wir möchten, dass unsere Kunden auch nach dem Kauf stets auf dem Laufenden bleiben. Abonnieren Sie einfach unseren kostenlosen Newsletter auf www.verlag-interna.de (Rubrik "Über uns").

VIB-Titelmeldung
interna
Wie Sie einen Schenkungsvertrag aufsetzen

Die Vertragstexte stellt Ihnen interna gern als Word-Dokument per E-Mail zur Verfügung. Senden Sie einfach eine E-Mail an info@verlag-interna.de.

Umschlaggestaltung: Matthias Kühl, Bonn
Satz: interna, Bonn
Druck: interna, Bonn
Lektorat: interna, Bonn

Verlag interna
Matthias-Grünewald-Str. 16, 53175 Bonn
www.verlag-interna.de
info@verlag-interna.de
Printed in Germany

1. Einleitung

Natürlich hat jeder bereits einmal etwas verschenkt oder geschenkt bekommen. Zum Geburtstag, zu Weihnachten oder einfach nur so – Anlässe finden sich immer. Einen Vertrag über die Schenkung haben Sie aber dann mit Sicherheit nicht abgeschlossen.

Ein Schenkungsvertrag ist dann wichtig, wenn z. B. die Eltern ihren Kindern bereits zu Lebzeiten ihr Haus, ihre Wohnung oder einen größeren Geldbetrag schenken möchten. Ohne einen entsprechenden Vertrag sind einige Schenkungen gar nicht wirksam.

Rechtliche Vorschriften zur Schenkung finden sich in den §§ 516 ff. des Bürgerlichen Gesetzbuchs (BGB). Aber was muss alles beachtet werden? Ist eine notarielle Beurkundung erforderlich? Darf das Geschenk zurückgefordert werden? Kann die Schenkung auch an eine Bedingung geknüpft werden? Muss das Geschenk versteuert werden? Oder gibt es bestimmte Freibeträge? Wie oft können diese in Anspruch genommen werden? Diese Fragen – und viele mehr – werden Ihnen in den folgenden Kapiteln leicht verständlich und detailliert beantwortet. Zudem finden Sie in den Kapiteln 8 und 9 Musterverträge, die Sie als Vorlage für Ihren eigenen Vertrag verwenden können.

2. Rechtliche Grundlagen

Unter einer Schenkung versteht man eine Zuwendung, durch die jemand aus seinem Vermögen einen anderen bereichert. Beide Parteien müssen sich darüber einig sein, dass die Zuwendung unentgeltlich erfolgt, vgl. § 516 Absatz 1 BGB.

Eine Schenkung setzt also Folgendes voraus:

- Zuwendung: Darunter versteht man die Hingabe eines Vermögensbestandteils von einer Person zu Gunsten einer anderen. Dies kann auch durch Erlassen einer Forderung geschehen.

Beispiel:

A schuldet dem B 200 Euro. B erlässt ihm die Schulden. Es muss eine Vermögensminderung bei dem Schenker eintreten. Das ist dann nicht der Fall, wenn eine Person einer anderen eine Wohnung zum unentgeltlichen Gebrauch überlässt.

- Bereicherung des Beschenkten: Diese muss das Ergebnis der Zuwendung sein. Daran fehlt es z. B., wenn der Vermögensgegenstand nur treuhänderisch übertragen wird. Der Beschenkte muss nach der Schenkung mehr haben als vorher.
- Unentgeltlichkeit: Unentgeltlich ist die Zuwendung

dann, wenn sie unabhängig von einer Gegenleistung – auch von oder an einen Dritten – erfolgt. Beispiele: Spende, belohnende Schenkung, Prämienzahlungen auf einen Versicherungs- oder Bausparvertrag eines Dritten, Trinkgelder des Gastes an das Servicepersonal. Die Schenkung ist aber nicht die einzige unentgeltliche Zuwendung.

Zu unterscheiden ist sie von folgenden Zuwendungen:

• Auslobung: Unter der Auslobung versteht man die durch öffentliche Bekanntmachung, z. B. in der Presse, durch Postwurfsendungen oder an Litfasssäulen, ausgesetzte Belohnung für die Vornahme einer Handlung, insbesondere für die Herbeiführung eines Erfolgs. Die Bekanntmachung darf sich nicht nur an einen bestimmten abgegrenzten Personenkreis richten. Die Belohnung ist z. B. ausgesetzt für die Aufdeckung einer strafbaren Handlung, die Wiedererlangung einer verlorenen Sache oder die Erbringung einer künstlerischen oder wissenschaftlichen Leistung.

In diesen Fällen spricht man von einer Auslobung, nicht von einer Schenkung.

• Ausstattung: Darunter versteht man das, was ein Kind von seinen Eltern in Hinblick auf seine Verheiratung oder die Erlangung einer selbständigen

Lebensstellung erhält („Mitgift").

• Vorweggenommene Erbfolge: Darunter versteht man Rechtsgeschäfte, mit denen ein künftiger Erblasser bereits zu seinen Lebzeiten sein Vermögen (oder einen wesentlichen Teil davon) auf einen oder mehrere künftige Erben überträgt. Sie kann aber im Einzelfall als Schenkung gestaltet sein, wenn die Parteien sich darüber einig sind, dass die Zuwendung unentgeltlich sein soll.

• Unbenannte Zuwendung unter Eheleuten: Darunter sind Zuwendungen zu verstehen, die der ehelichen Lebensgemeinschaft dienen. Sie stellen ebenfalls keine Schenkung dar. Ausnahmsweise liegt eine Schenkung aber dann vor, wenn sich beide Ehegatten über die Unentgeltlichkeit einig sind und diese ausdrücklich notariell vereinbaren.

• Schenkung von Todes wegen: Stellt der Erblasser (die Person, die ein Testament macht) ein unentgeltliches Rechtsgeschäft unter die Bedingung, dass der Beschenkte ihn überlebt, nennt man dies eine Schenkung unter Lebenden auf den Todesfall.

Dazu ein Beispiel: A verspricht dem B, ihm seine Wohnung zu schenken, falls dieser ihn überlebt. Auf diese Art der „Schenkung" finden nicht die Vorschriften der §§ 516 ff. BGB Anwendung, sondern die erbrechtlichen Regelungen. Diese sind strenger und dürfen nicht umgangen werden. Anders ist die Lage, wenn A dem B verspricht, ihm eine bestimmte Sache unter der Überlebensbedingung zu schenken, und ihm diese Sache zugleich übergibt. In diesem Fall finden die Vorschriften der §§ 516 ff. BGB Anwendung.

Eine Schenkung liegt aber nicht in den Fällen des § 517 BGB vor. Dort heißt es: „Eine Schenkung liegt nicht vor, wenn jemand zum Vorteil eines anderen einen Vermögenserwerb unterlässt oder auf ein angefallenes, noch nicht entgültig erworbenes Recht verzichtet oder eine Erbschaft oder ein Vermächtnis ausschlägt."

Was bedeutet das im Einzelnen? Dies soll anhand von Beispielen erläutert werden.

Unterlassener Vermögenserwerb: A nimmt nicht das Angebot von B an, eine bestimmte Sache zu kaufen, da der Erwerb sich negativ für den C auswirken würde.

Ausschlagung einer Erbschaft oder eines Vermächtnisses: Erblasser E macht in seinem Testament dem A ein Vermächtnis in Höhe von 10.000 Euro. Alleinerbe ist B. Das bedeutet, dass B das gesamte Vermögen des E abzüglich der 10.000 Euro erbt. Wenn A das Vermächtnis ausschlägt, fällt dieses auch an B. Das bedeutet, dass dieser mehr erbt. Diese

Ausschlagung stellt jedoch keine Schenkung dar.

Hervorzuheben ist weiterhin das Formbedürfnis: Neben Schenkungsversprechen (vgl. dazu Kapitel 3) sind Schenkungen, die eine Immobilie, also ein Haus, eine Wohnung oder ein Grundstück zum Inhalt haben, immer formbedürftig. Sie müssen von einem Notar beurkundet werden.

Dieses Erfordernis ergibt sich aus § 311 b BGB. Der Beurkundungszwang soll die Parteien – Schenker und Beschenkten – auf die Bedeutung des Geschäfts hinweisen und vor dem Eingehen übereilter Verpflichtungen schützen. Neben dieser Warnfunktion soll die Beurkundung zugleich den Beweis der getroffenen Vereinbarung sichern (sogenannte Beweisfunktion), die Gültigkeit des Rechtsgeschäfts gewährleisten und eine sachgemäße Beratung der Parteien sicherstellen (sogenannte Beratungsfunktion).

Nach § 17 des Beurkundungsgesetzes (BeurkG) ist es nämlich Aufgabe des Notars, den Willen der Parteien zu erforschen, den Sachverhalt aufzuklären, die Beteiligten über die rechtliche Tragweite zu belehren und ihre Erklärungen klar und eindeutig in einer Niederschrift wiederzugeben.

Wurde diese Formvorschrift bei der Schenkung einer

Immobilie nicht eingehalten, ist der Vertrag nicht wirksam. Dieser Mangel kann allerdings dadurch geheilt werden, dass die Übertragung der Immobilie vom Schenker an den Beschenkten in das Grundbuch eingetragen wurde. Der Vertrag ist sodann ab dem Zeitpunkt der Eintragung des Eigentümerwechsels gültig.

3. Das Schenkungsversprechen

Wenn eine bestimmte Leistung nur schenkweise versprochen wird, spricht man von einem Schenkungsversprechen. Dieses bedarf nach § 518 BGB der notariellen Beurkundung. Zweck dieser Vorschrift ist der, den Schenker vor übereilten Versprechen zu schützen sowie um klarzustellen, dass ein ernst gemeintes Versprechen vorliegt. Weiterhin dient sie der Vermeidung von Streitigkeiten über angebliche Schenkungen Verstorbener.

Beispiel: Erblasser E verstirbt unerwartet. Sein Patenkind P behauptet, dass E vor seinem Tod ihm, dem P, eine Schenkung in Höhe von 10.000 Euro versprochen hätte. Infolge des plötzlichen Todes des E konnte das Geld jedoch nicht mehr übergeben werden. Die Erben des E bestreiten, dass eine solche Schenkung versprochen wurde. Die Erben müssen dem P kein Geld geben, wenn das angebliche Schenkungsversprechen nicht schriftlich niedergelegt und von einem Notar beurkundet wurde.

Beim Schenkungsversprechen handelt es sich um einen Vertrag, der einseitig verpflichtet – nämlich nur den Schenker. Durch den Vertrag verspricht der Schenker einer anderen Person die Übertragung einer unentgeltlichen Leistung. Der Vertrag kommt zustande, wenn der Beschenkte erklärt, dass er das

Versprechen des Schenkers annimmt. Die Annahmeerklärung des Beschenkten ist aber nicht formbedürftig! Sie kann folglich auch mündlich oder sogar stillschweigend erfolgen.

Anders ist die Lage, wenn für den gesamten Vertrag die Einhaltung einer bestimmten Form vorgeschrieben ist, so z. B. bei der Schenkung von Grundstücken oder Häusern die notarielle Beurkundung.

Wird ein Schenkungsversprechen gemacht und wird dieses nicht notariell beurkundet, ist das Versprechen nicht bindend. Wird die Schenkung allerdings vollzogen, das heißt, übergibt der Schenker dem Beschenkten die vereinbarte Sache, ist der Formmangel geheilt. Beispiele für Schenkungen von Geld: Der Schenker überweist dem Beschenkten die versprochene Geldsumme; er übergibt dem Beschenkten einen Scheck, den dieser einlöst; Geldeinzahlung auf das Konto des Beschenkten.

Wurde die Schenkung einer Sache versprochen, ist das Versprechen mit der Übereignung der Sache eingelöst. Eine nachträgliche notarielle Beurkundung ist dann nicht mehr erforderlich.

4. Schenkung unter Auflage

Es besteht die Möglichkeit, eine Schenkung unter einer Auflage vorzunehmen. Was ist darunter zu verstehen? Unter einer Auflage versteht man die einer Schenkung hinzugefügte Bestimmung, dass der Empfänger zu einer Leistung verpflichtet sein soll, die aus dem Gegenstand der Zuwendung zu entnehmen ist. Das kann auch in der Weise möglich sein, dass der Empfänger lediglich in der freien Verfügung über den Gegenstand beschränkt werden soll. Der Wert des Gegenstands kann dadurch vermindert werden.

Die Auflage kann auch der Hauptzweck der Schenkung sein und dem Wert der Schenkung entsprechen. Inhalt der Auflage kann jede Leistung (ein Tun oder Unterlassen) sein, gleichgültig, ob sie einen Vermögenswert hat oder nicht. In wessen Interesse die Erfüllung der Auflage liegt, ist gleichgültig. So kann sie im Interesse des Schenkers, des Beschenkten oder eines Dritten liegen.

Beispiele für die Schenkung unter einer Auflage sind die Übereignung eines Grundstücks unter dem Vorbehalt eines Nießbrauches sowie die Übertragung eines Sparkontos gegen ein verzinsliches Darlehen aus diesem Geld.

Ein Nießbrauch kann u. a. an Sachen (Grundstücken

und beweglichen Sachen) bestellt werden. Der Nießbrauch ist das grundsätzlich nicht übertragbare und unvererbliche dingliche Recht, die Nutzungen des belasteten Gegenstands zu ziehen. Er kann durch den Ausschluss einzelner Nutzungen beschränkt werden.

Die Bestellung richtet sich nach der Art des belasteten Objekts; bei der Belastung eines Grundstücks finden die Vorschriften über die Grundstücksrechte Anwendung. Der Nießbraucher ist berechtigt, die Sachen in seinen Besitz zu nehmen und grundsätzlich umfassend zu nutzen. Allerdings darf er nicht die wirtschaftliche Art der Sache ändern. Der Nießbraucher muss für die Erhaltung der Sache Sorge tragen sowie die öffentlichen Lasten übernehmen. Gesetzliche Regelungen finden sich in den §§ 1030 ff. BGB.

Wichtig ist, dass die Schenkung unter einer Auflage notariell beurkundet wird. Wird diese Form nicht eingehalten, ist die Schenkung unwirksam.

Abzugrenzen ist die Schenkung unter einer Auflage von einem Wunsch, einem Rat oder einer Empfehlung.

Dazu ein Beispiel: A schenkt dem B Geld mit der Bitte, dieses für einen Erholungsurlaub zu nutzen. Es handelt sich dabei um eine Schenkung, die mit einer Empfehlung verbunden ist.V erwendet B das Geld für andere Zwecke (kauft er sich z. B. Möbel für seine

Wohnung), kann A den Betrag nicht zurückfordern. Auch eine Zweckschenkung ist keine Schenkung unter Auflage. Diese liegt dann vor, wenn nach dem Inhalt des Rechtsgeschäfts ein über die Zuwendung an den Beschenkten hinausgehender Zweck verfolgt wird, aber kein Anspruch auf dessen Vollziehung besteht.

Beispiel: Die Eltern schenken ihrer Tochter und ihrem Schwiegersohn einen größeren Geldbetrag in der Erwartung, dass die Ehe weiter fortbesteht. Wird die Ehe geschieden, ist die Schenkung dennoch wirksam.

Eine Schenkung einer Wohnung geht oft einher mit der Einräumung eines Wohnrechts (Nießbrauchs) auf Lebenszeit an den Schenker (vgl. dazu oben). Wenn der Schenker nun geleistet hat, also die Übertragung der Wohnung im Grundbuch eingetragen wurde, kann er von dem Beschenkten verlangen, dass die Auflage vollzogen wird. So ist es gesetzlich in § 525 Absatz 1 BGB geregelt.

Der Beschenkte muss dem Schenker erlauben, die Wohnung oder das Haus zu bewohnen.

Der Schenker ist vorleistungspflichtig. Das bedeutet, dass er zunächst die Schenkung vollziehen muss, bevor er die Vollziehung der Auflage erwarten kann. Es besteht aber auch die Möglichkeit, eine Zug-um-Zug-Leistung im Schenkungsvertrag zu vereinbaren.

Darunter versteht man den unmittelbaren Austausch der beiden Leistungen, wie etwa beim Kauf von Lebensmitteln: Der Käufer geht in den Supermarkt mit seinen Waren an die Kasse, bezahlt dort und darf die Waren anschließend mitnehmen.

Wenn eine Zug-um-Zug-Leistung vereinbart wurde, müssen Schenkung und die Vollziehung der Auflage unmittelbar nacheinander geschehen.

Wie ist die Lage, wenn die Schenkung bereits erfolgt ist, der Beschenkte die Auflage nicht vollzieht und der Schenker verstirbt? Muss die Auflage dann immer noch vollzogen werden?

Ja. Dann haben entweder die Erben des Schenkers oder der Begünstigte der Auflage einen Anspruch gegen den Beschenkten auf Erfüllung der Auflage.

Der Beschenkte kann die Vollziehung der Auflage in bestimmten Fällen verweigern. Gesetzlich geregelt ist das in § 526 BGB. Das kann z. B. der Fall sein, wenn die geschenkte Sache mit einem Mangel behaftet ist oder die Auflage den Wert der Sache übersteigt.

Unterbleibt hingegen der Vollzug der Auflage ohne Grund, kann der Schenker die Herausgabe des Geschenks verlangen.

5. Haftung des Schenkers

Stellen Sie sich vor, Sie bekommen ein Haus geschenkt. Nach einiger Zeit stellen Sie fest, dass es total baufällig ist. Die Kosten für die Renovierung würden bei weitem den Wert des Geschenks übersteigen. Haben Sie Ansprüche gegen den Schenker?

Die Haftung des Schenkers richtet sich nach den §§ 521 ff. BGB.

Vorab ist klarzustellen, dass wegen der Uneigennützigkeit des Schenkers nur eine beschränkte Haftung gerechtfertigt ist. Deshalb hat der Schenker nur Vorsatz und grobe Fahrlässigkeit zu vertreten. Was bedeutet dies?

Vorsatz kann jemandem vorgeworfen werden, der wissentlich und willentlich handelt. Grob fahrlässig bedeutet unter Außerachtlassung der im Verkehr erforderlichen Sorgfalt in einem besonders hohen Maße, also extrem nachlässig.

Die Haftung kann erweitert oder nur auf den Vorsatz beschränkt werden. Die von der gesetzlichen Vorschrift des § 521 BGB abweichende Haftungserweiterung oder -beschränkung muss

jedoch schriftlich dokumentiert werden. Zu beachten sind auch die Spezialregelungen der §§ 523 und 524 BGB.
Verschweigt der Schenker einen Fehler an der geschenkten Sache, ist er zum Schadensersatz verpflichtet. Das gilt allerdings nur dann, wenn er den Mangel arglistig verschwiegen hat. Arglistig heißt, dass der Schenker wusste, dass das Geschenk einen Fehler aufweist und diesen Fehler bewusst verschwiegen hat. Der Fehler muss zum Zeitpunkt der Übergabe vorliegen. Der Schenker muss in diesem Fall den Vertrauensschaden sowie den Folgeschaden ersetzen.

Was genau bedeutet das? Der Gläubiger, also der Beschenkte, ist so zu stellen, wie er stehen würde, wenn er nicht auf die Gültigkeit der Schenkung vertraut hätte. Folgeschäden sind solche Schäden, die durch den Fehler an anderen Sachen entstehen.

Aufwendungen, die der Beschenkte macht, um den Schaden an der Sache zu beseitigen, werden nicht ersetzt.

Wenn der Schenker eine nur der Gattung nach bestimmte Sache versprochen hat, die er erst noch erwerben muss, ist die rechtliche Lage anders: Der Beschenkte kann, wenn diese Sache fehlerhaft ist, die Lieferung einer fehlerfreien Sache verlangen. „Der

Gattung nach“ bedeutet, dass es sich nicht um einen ganz bestimmten Gegenstand handelt, sondern um einen unbestimmten.

Beispiel: A verspricht B, ihm ein Fahrrad zu schenken. Das Fahrrad hat A noch nicht gekauft. Ist dieses fehlerhaft, weil z. B. die Gangschaltung defekt ist, kann der Beschenkte die Lieferung eines neuen Fahrrads verlangen. Das gilt allerdings nur dann, wenn dem Schenker der Mangel bekannt war oder infolge von grober Fahrlässigkeit unbekannt war.

Hat der Schenker den Fehler an der Sache sogar arglistig verschwiegen, kann der Beschenkte statt der Lieferung einer mangelfreien Sache Schadensersatz verlangen.

Gegenbeispiel: A verspricht dem B, ihm sein eigenes Fahrrad (das des A) zu schenken. Hier handelt es sich nicht um eine nur der Gattung nach bestimmte Sache!

Die obigen Ausführungen sind nur dann anwendbar, wenn eine Sache, z. B. ein Auto, ein Fahrrad oder ein Haus geschenkt wurde.

Nur zur Vollständigkeit wird an dieser Stelle aufgeführt, was keine Sachen sind: Licht, elektrische Energie oder Computerdaten.

Neben der Sachmängelhaftung ist im Gesetz auch die Rechtsmängelhaftung in § 523 BGB geregelt. Dieser Paragraf ist auf Sachen und auf Rechte anwendbar. Ein Recht ist z. B. der Nießbrauch an einem Haus.
Ein Rechtsmangel liegt dann vor, wenn von Dritten aufgrund eines Rechts das Eigentum, der Besitz oder der unbeschränkte Gebrauch der geschenkten Sache oder des Rechts beeinträchtigt werden kann.

Beispiele für Rechtsmängel: A schenkt dem B ein Auto, welches ihm gar nicht gehört; A schenkt B ein Grundstück, welches mit einem Vorkaufsrecht einer anderen Person belastet ist. Auch bei § 523 BGB ist Voraussetzung der Haftung des Schenkers, dass dieser den Mangel arglistig verschwiegen hat. Ist das der Fall, muss der Schenker dem Beschenkten den aus dem Mangel entstandenen Schaden ersetzen.

Nach § 523 Absatz 2 BGB kann der Beschenkte Schadensersatz verlangen, wenn der Schenker die Leistung eines Gegenstands versprochen hatte, den er erst noch erwerben sollte, und dieser Gegenstand einen rechtlichen Mangel aufweist. Dies gilt allerdings wiederum nur dann, wenn dem Schenker der Mangel beim Erwerb der Sache bekannt war oder infolge von grober Fahrlässigkeit unbekannt geblieben ist.

6. Rückforderung und Notbedarf

Sie kennen mit Sicherheit den Spruch „Geschenkt ist geschenkt, wiederholen ist gestohlen". Es gibt aber bestimmte Fälle, in denen der Schenker die geschenkte Sache zurückfordern darf:

- Einrede des Notbedarfs, § 519 BGB: Es handelt sich hierbei um eine Billigkeitsregelung. Wenn eine Person einer anderen versprochen hat, ihr eine bestimmte Sache zu schenken (Schenkungsversprechen), kann sie die Erfüllung verweigern. Voraussetzung ist allerdings, dass die Schenkung noch nicht vollzogen ist und ein Notbedarf des Schenkers vorliegt. Notbedarf ist dann gegeben, wenn er bei Berücksichtigung seiner sonstigen Verpflichtungen (z. B. Unterhaltsansprüche) nicht in der Lage ist, das Versprechen zu erfüllen.

- Rückforderung wegen Verarmung des Schuldners, § 528 BGB: Ist die Schenkung bereits vollzogen, steht dem Schenker kein Anspruch mehr aus § 519 BGB zu. Er kann das Geschenk aber nach § 528 BGB zurückfordern. Voraussetzung ist aber auch hier, dass er nicht mehr in der Lage ist, seinen eigenen angemessenen Unterhalt zu bestreiten und die ihm seinen Verwandten, seinem Ehegatten, seinem Lebenspartner oder seinem früheren Ehegatten oder Lebenspartner gegenüber gesetzlich obliegende Unterhaltspflicht zu erfüllen. Der Beschenkte kann die

Zurückforderung dadurch abwenden, dass er die Zahlung des Unterhalts übernimmt.

Anwendbar ist diese Bestimmung nicht auf Pflicht- oder Anstandsschenkungen. Zu diesen zählen Weihnachts-, Hochzeits- oder Geburtstagsgeschenke.

Der Anspruch auf Rückforderung ist zweckgebunden. Macht der Schenker davon keinen Gebrauch und ist er deshalb auf Sozialhilfe angewiesen, steht dem Sozialhilfeträger seit dem 1.1.2005 aus § 93 des 12. Buchs des Sozialgesetzbuchs (SGB XII) dieser Anspruch zu.

Wie ist die Lage, wenn der Schenker verstirbt? Steht dann seinen Erben der Anspruch aus § 528 BGB zu? Oder erlischt dieser?

Wurde der Anspruch vom Schenker bereits zu Lebzeiten geltend gemacht, oder wurde er nach § 93 SGB XII an den Sozialhilfeträger übergeleitet, erlischt er auch nicht durch den Tod des Schenkers.

Der Anspruch auf Herausgabe des Geschenkes ist nach § 529 BGB allerdings dann ausgeschlossen, wenn der Schenker seine Bedürftigkeit absichtlich oder infolge von Nachlässigkeit, z. B. durch Verschwendung oder leichtsinnige Spekulationen an der Börse, selbst verschuldet hat. Weiterhin ist der Anspruch auf

Rückforderung ausgeschlossen, wenn seit der Schenkung bereits zehn Jahre verstrichen sind.

- Widerruf der Schenkung, § 530 BGB: Eine Schenkung kann dann widerrufen werden, wenn sich der Beschenkte durch eine schwere Verfehlung gegen den Schenker oder einen seiner nahen Angehörigen groben Undanks schuldig macht. Was sind nahe Angehörige?

Maßgeblich ist hier das persönliche Verhältnis zum Schenker, nicht der Grad der Verwandtschaft oder der Schwägerschaft.

Dieser Anspruch ist nur eingeschränkt vererblich! Das ergibt sich aus § 530 Absatz 2 BGB. Danach haben die Erben des Schenkers ein Widerrufsrecht nur dann, wenn der Beschenkte den Schenker vorsätzlich und widerrechtlich getötet oder am Widerruf gehindert hat.

Eine schwere Verfehlung liegt z. B. in folgenden Fällen vor: Bedrohung des Lebens, körperliche Misshandlung, schwere Beleidigungen und eine grundlose Strafanzeige.

Möchte der Schenker (oder in den Fällen des § 530 Absatz 2 BGB sein Erbe) von seinem Widerrufsrecht Gebrauch machen, muss er den Widerruf dem Beschenkten gegenüber erklären. Der Widerruf ist formlos gültig, das heißt, er kann auch mündlich erklärt werden. Es besteht zudem die Möglichkeit, den Widerruf im Testament niederzuschreiben. Nach der Erklärung des Widerrufs hat der Schenker das Recht, die geschenkte Sache zurückzufordern.

Der Widerruf ist allerdings dann ausgeschlossen, wenn der Schenker dem Beschenkten verziehen hat, der Beschenkte verstorben ist oder wenn seit dem Zeitpunkt, in welchem der Schenker (oder sein Erbe) von dem Eintritt der Voraussetzungen des Widerrufs Kenntnis erlangt, ein Jahr vergangen ist. Zudem kann auf das Widerrufsrecht verzichtet werden.

Wie bereits angesprochen, unterliegen Pflicht- und Anstandsschenkungen nicht der Rückforderung oder dem Widerruf.

7. Steuern

Natürlich haben Sie bereits von der Erbschaftsteuer gehört. Aber wussten Sie, dass auch Geschenke versteuert werden müssen?

Gesetzliche Vorschriften befinden sich im Erbschaftsteuer- und Schenkungssteuergesetz (ErbStG). Deshalb kann die Steuerpflicht grundsätzlich nicht dadurch umgangen werden, dass der Erblasser zu Lebzeiten den Großteil seines Vermögens verschenkt, z. B. seine Wohnung oder sein Bankguthaben auf seine Kinder überschreibt.

Es gibt jedoch bestimmte Steuerfreibeträge, auf die noch weiter eingegangen wird. Diese Beträge können durch mehrere in bestimmten zeitlichen Abständen vorgenommenen Schenkungen mehrfach in Anspruch genommen werden. Dabei ist zu beachten, dass für die Besteuerung alle Schenkungen der letzten zehn Jahre zusammengerechnet werden. Steuern kann man also nur dann sparen, wenn die Schenkungen in Abständen von mindestens zehn Jahren erfolgen.

Je nach Verwandtschaftsverhältnis zum Schenker haben die Beschenkten einen persönlichen Freibetrag, der nicht besteuert wird. Die Freibeträge können bei Schenkungen alle zehn Jahre neu ausgeschöpft werden.

Wer ist steuerpflichtig? Steuerpflichtig ist immer der, der etwas erhält, also der Beschenkte. Sind Schenker und Beschenkter Inländer, so unterliegt die Schenkung dem deutschen ErbStG.

Inländer ist, wer seinen Wohnsitz oder seinen gewöhnlichen Aufenthalt in Deutschland hat. Auch Ausländer, die in Deutschland wohnen, sind somit nach deutschem Recht steuerpflichtig. Das Gleiche gilt für deutsche Bürger, die sich vor der Schenkung nicht länger als fünf Jahre im Ausland aufgehalten haben. Dies gilt selbst dann, wenn sie in Deutschland überhaupt keinen Wohnsitz haben.

Auch das geschenkte ausländische Vermögen eines Inländers unterliegt der deutschen Steuerpflicht. Allerdings existieren mit einigen Ländern Doppelbesteuerungsabkommen. Darüber hinaus kann die im Ausland gezahlte Steuer unter bestimmten Voraussetzungen auf die deutsche Schenkungssteuer angerechnet werden.

Wie bereits angesprochen, gibt es bestimmte Freibeträge, die nicht besteuert werden müssen. Sie ist abhängig davon, in welchem Verwandtschafts-verhältnis der Beschenkte zum Schenker steht.

Zunächst ist hervorzuheben, dass einige Schenkungen nach § 13 ErbStG gar nicht besteuert werden, so z. B.:

• Hausrat, Wäsche, Kleidung bis zu einem Wert von 41.000 Euro (bei Steuerklasse I und dem eingetragenen Lebenspartner) und zusätzlich andere bewegliche Gegenstände bis zu einem Wert von 12.000 Euro unterliegen nicht der Steuerpflicht (zu den Steuerklassen vgl. die folgenden Ausführungen).

• Personen, die den Steuerklassen II und III angehören, können die vorgenannten Gegenstände insgesamt nur bis zu einem Gesamtwert von 12.000 Euro steuerfrei erwerben. Die oben genannten Befreiungen gelten nicht für Gegenstände, die zum land-und forstwirtschaftlichen Vermögen, zum Grundvermögen oder zum Betriebsvermögen einer Firma gehören, für Zahlungsmittel, Wertpapiere, Münzen, Edelmetalle, Edelsteine und Perlen.

• Zuwendungen unter Lebenden, mit denen ein Ehegatte den anderen Ehegatten (oder eingetragenen Lebenspartner) Eigentum oder Miteigentum an einem im Inland liegenden, zu eigenen Wohnzwecken genutzten Haus/Eigentumswohnung verschafft oder den anderen Ehegatten von eingegangenen Verpflichtungen im Zusammenhang mit der Anschaffung oder der Herstellung des Familienwohnheims freistellt.

• Befreiung von einer Schuld gegenüber dem Schenker

- Erwerben die Eltern, Adoptiveltern, Stiefeltern oder Großeltern des Schenkers etwas, ist ein Betrag in Höhe von 41.000 Euro steuerfrei, wenn der Erwerber wegen körperlicher oder geistiger Gebrechen erwerbsunfähig ist oder durch die Führung eines gemeinsamen Hausstands mit erwerbsunfähigen oder in der Ausbildung befindlichen Abkömmlingen an der Ausübung einer Erwerbstätigkeit gehindert ist.

- Zuwendungen, die zum Zwecke des angemessenen Unterhalts oder zur Ausbildung des Bedachten gemacht wurden. Beispiel: Die Großmutter schenkt ihrem Enkelkind 60.000 Euro, damit dieses seine Ausbildung an einer privaten Universität finanzieren kann.

- die üblichen Gelegenheitsgeschenke, z. B. Geschenke zu Weihnachten und zum Geburtstag

- Zuwendungen an politische Parteien im Sinne des § 2 des Parteiengesetzes

- inländische Betriebsvermögen, land- und forstwirtschaftliches Vermögen und Anteile an Kapitalgesellschaften bleiben unter ganz bestimmten, in §13a ErbStG genannten Bedingungen steuerfrei.

Wie bereits kurz angesprochen, steht bestimmten Personengruppen ein Freibetrag zu. Bei der Schenkung wird dieser Betrag bei der Bemessung der zu entrichtenden Steuer nicht berücksichtigt, das heißt, er wird von dem Wert der Schenkung abgezogen.

Die Freibeträge können bei der Schenkung alle zehn Jahre in Anspruch genommen werden.

Die Steuersätze der Schenkungssteuer

Steuerpflichtiger Erwerb bis Euro	**Prozentsatz der Steuerklasse**		
	I	II	III
75.000	7	15	30
400.000	11	20	30
600.000	15	25	30
6.000.000	19	30	30
13.000.000	23	35	50
26.000.000	27	40	50
über 26.000.000	30	43	50

Dazu folgendes Beispiel:

Schenker S schenkt seiner Tochter T 500.000 Euro. Der Steuerfreibetrag für T beträgt laut Tabelle für Steuerklasse I 400.000 Euro, der zu versteuernde

Erwerb beträgt demnach 100.000 Euro.

Anders als bei dem Erwerb von Todes wegen gibt es bei der Schenkung keinen weiteren Freibetrag, den der überlebende Ehegatte sowie Kinder des Erblassers bis zum 27. Lebensjahr geltend machen können!

Zurück zu unserem Beispielfall: T muss 100.000 Euro versteuern.

Aber wie hoch ist der Steuersatz? Die Höhe richtet sich wiederum nach dem Verwandtschaftsgrad zwischen dem Schenker und dem Beschenkten. Auch hier gibt es einige Änderungen hinsichtlich der Höhe der Steuersätze und hinsichtlich der einzelnen Tarifstufen.

Anmerkung: An dieser Stelle möchte ich verdeutlichen, dass der sogenannte Versorgungsfreibetrag, den der Witwer, die Witwe oder Kinder des Erblassers bis zum 27. Lebensjahr beim Erwerb von Todes wegen geltend machen können, bei der Schenkung nicht steuermindernd zu berücksichtigen ist. Natürlich können Sie diesen Absatz auch streichen.

Übersicht über die Freibeträge bei Schenkungen nach Steuerklassen

Steuerklasse	Personen	Freibetrag in Euro
I	**Ehepartner, Lebenspartner**	**500.000**
	Kinder und Stiefkinder	400.000
	Enkelkinder (wenn das	
	Kind/Stiefkind gestorben ist	400.000
	Enkelkinder, Stiefenkel	
	und Urenkel	200.000
	Adoptivkinder	400.000
	Übrige Personen der	
	Steuerklasse	100.000
II	**Eltern und Großeltern**	
	bei Zuwendungen	
	unter Lebenden	20.000
	Geschwister	20.000
	Nichten und Neffen	20.000
	Stiefeltern	20.000
	Schwiegerkinder	20.000
	Schwiegereltern	20.000
	geschiedene Ehepartner	20.000
III	**alle übrigen Beschenkten**	**20.000**

In unserem Beispiel müsste T Steuern in Höhe von 11% bezahlen. Bei einem Betrag von 100.000 Euro müssten folglich 11.000 Euro an das Finanzamt abgeführt werden.

Wird der steuerpflichtige Erwerb auch nur um einen

Cent überschritten, gilt bereits der höhere Prozentsatz. Das würde bei geringen Überschreitungen zu ungerechten Ergebnissen führen, da der Mehrerwerb durch den höheren Steuersatz mehr als aufgezehrt würde.

Deshalb gibt es eine Härtefallregelung. Dazu folgendes Beispiel:

Schenker S schenkt seinem Enkel E einen Betrag von 400.500 Euro. Die Eltern des E leben noch, sodass ihm ein Freibetrag von 100.000 Euro zusteht. Zu versteuern sind folglich 200.500 Euro.

Würde man sich strikt an der oben genannten Tabelle orientieren, würde das bei einem Steuersatz von 15% zu einem zu zahlenden Betrag von 30.075 Euro führen. Wären aber nur 199.500 Euro zu versteuern gewesen, hätte das bei einem Steuersatz von „nur“ 11% zu einem Betrag von 21.945 Euro geführt. E müsste also 8.130 Euro mehr an Steuern zahlen – und das, obwohl er nur 500 Euro mehr erhält! Hier greift die Härtefallregelung ein: Die Mehrsteuern werden auf die Hälfte des Mehrerwerbs reduziert, sie betragen also 250 Euro. Im Übrigen zahlt E die Steuern, die für einen Erwerb von 200.000 Euro anfallen, also 22.000 Euro.

Wie bereits erwähnt, kann der entsprechende

Freibetrag alle zehn Jahre in Anspruch genommen werden. Es empfiehlt sich also, Schenkungen aufzuteilen, um die Schenkungssteuer so gering wie möglich zu halten!

8. Muster für einen Schenkungsvertrag über eine Immobilie unter Einräumung eines Rückforderungsrechts

Schenkungsvertrag
zwischen

....

....

....

(Schenker)

und

....

....

....

(Beschenkter)

§ 1 Vertragszweck

Der Schenker und der Beschenkte sind sich darüber einig, dass der Schenker dem Beschenkten unentgeltlich die in § 2 näher bezeichnete Immobilie zuwendet. Der Beschenkte nimmt die Schenkung an.

§ 2 Vertragsgegenstand

Zwischen den Parteien herrscht darüber Einigkeit, dass der Beschenkte Eigentümer der unten bezeichneten Immobilie werden soll.

Der Schenker ist im Grundbuch des Amtsgerichts

.... Band

.... Blatt ....

in Abteilung I als Alleineigentümer des folgenden Grundstücks eingetragen :

Gemarkung :

Straße :

Flur/Flurstück-Nr.:

Quadratmeter Grundstück :

Im Grundbuch sind folgende Belastungen eingetragen:

Abteilung II:

....

....

....

Abteilung III:

....

Anmerkung: Das Grundbuch dient im Interesse des Rechtsverkehrs der Offenlegung der Rechtsverhältnisse an einem Grundstück. Wer ein berechtigtes Interesse darlegt, hat ein Recht auf Einsicht in das vom Grundbuchamt geführte Grundbuch. Jedes Grundstück erhält in dem nach räumlichen Bezirken angelegten Grundbuch eine besondere Stelle im Grundbuchblatt.

Dieses besteht neben der Aufschrift aus dem Bestandsverzeichnis sowie aus drei Abteilungen. In Abteilung I werden der jeweilige Eigentümer des Grundstücks sowie die dinglichen Erwerbsgründe vermerkt. Abteilung III enthält die Hypotheken, Grund- und Rentenschuld, die auf dem Grundstück lasten. Abteilung II beinhatet sämtliche übrigen Belastungen mit Ausnahme der Grundpfandrechte sowie Verfügungsbeschränkungen wie z. B. Insolvenz.

Anmerkung: Ich habe die Reihenfolge bewusst gewählt (3 vor 2), da in Abteilung II sämtliche „übrigen“

Belastungen aufgeführt sind. Würde man eine andere Reihenfolge vorziehen, müsste bei Abteilung II erläutert werden, dass von den „übrigen" Belastungen die Hypotheken, Grund- und Rentenschuld ausgenommen sind.

Das Grundstück ist bebaut mit ....

Anmerkung: Bitte tragen Sie an dieser Stelle ein, ob und womit das Grundstück bebaut ist. Beispiele: Einfamilienhaus, Mehrfamilienhaus etc.

Das Eigentum am Haus folgt rechtlich dem Eigentum am Grundstück. Zur notwendigen Bestimmtheit der von der Schenkung erfassten Immobilie wird ein diesem Vertrag beizulegendes Verzeichnis erstellt. Dieses ist Bestandteil des Vertrags.

Anmerkung: In diesem Verzeichnis ist das Haus so detailliert wie möglich zu beschreiben.

§ 3 Vollzug der Schenkung

Die Schenkung wird durch die vorstehende Einigung sowie die sofortige Übertragung des Grundstücks vollzogen.

Anmerkung: Die Schenkung muss nicht sofort vollzogen werden. Wenn die Vollziehung erst zu einem späteren Zeitpunkt erfolgen soll, kann § 3 auch wie folgt lauten: „Die Schenkung wird durch die vorstehende Einigung und die Vereinbarung vollzogen, dass der Schenker das Grundstück bis zum Erbfall oder einem von ihm zu bestimmenden früheren Zeitpunkt für den Beschenkten verwahrt."

§ 4 Auflage

Die Schenkung wird unter folgender Auflage gemacht:

....

....

....

Anmerkung: Ist die Schenkung an eine Auflage gebunden, ist diese an dieser Stelle detailliert einzutragen; vgl. dazu Kapitel 4. Soll die Schenkung ohne Bindung an eine Auflage erfolgen, kann diese Klausel ersatzlos gestrichen werden.

§ 5 Rückforderungsrecht

1. Der Schenker behält sich vor, auf Kosten des Beschenkten das geschenkte Grundstück zurückzufordern, wenn

- der Beschenkte den Grundbesitz ohne sein Einverständnis veräußert oder belastet;

- der Beschenkte vor dem Schenker verstirbt;

- ein Fall des Notbedarfs oder grober Undank vorliegt;
- der Beschenkte geschäftsunfähig wird;

- Zwangsvollstreckungsmaßnahmen in das Geschenk eingeleitet werden, ein Insolvenzverfahren über das Vermögen des Beschenkten eröffnet wird und die Maßnahme nicht innerhalb von sechs Wochen wieder rückgängig gemacht wird.

Anmerkung: Natürlich müssen nicht alle aufgeführten Punkte in den Vertrag mitaufgenommen werden – nicht Zutreffendes ist zu streichen. Wann ein Fall des Notbedarfs oder des groben Undanks vorliegt, wird in Kapitel 6 erläutert.

Wann ist der Beschenkte geschäftsunfähig?

In § 104 BGB heißt es: „Geschäftsunfähig ist, wer nicht das siebente Lebensjahr vollendet hat, wer sich in einem die freie Willensbestimmung ausschließenden Zustand krankhafter Störung der Geistestätigkeit befindet, sofern nicht der Zustand seiner Natur nach ein vorübergehender ist."

Was genau bedeutet das? Relevant und erklärungsbedürftig ist in diesem Zusammenhang der zweite Halbsatz. Die Geschäftsfähigkeit ist die Fähigkeit, durch eigenes Handeln wirksam ein Rechtsgeschäft, so z. B. einen Vertrag, ein Testament oder die Kündigung einer Wohnung, vorzunehmen.

Das Gesetz geht davon aus, dass im Grunde jede Person, die das 18. Lebensjahr vollendet hat, geschäftsfähig ist, jedoch nicht dann, wenn diese Person geistig krank ist oder wird. Unter einer krankhaften Störung der Geistestätigkeit ist nicht nur die Geisteskrankheit zu verstehen, sondern auch die Geistesschwäche z. B. durch Alter.

Auch eine über Monate andauernde Bewusstlosigkeit fällt da runter. Zu beachten ist allerdings, dass die Störung nicht ein nur vorübergehender Zustand sein darf – diese muss dauerhaft sein. So ist eine Person, die z. B. volltrunken oder kurzfristig bewusstlos ist, nicht geschäftsunfähig. Schließt sie in diesem Zustand einen Vertrag, ist dieser dennoch nicht wirksam. Leidet eine Person z. B. an Geistesschwäche, hat sie jedoch zwischenzeitlich lichte Momente, ist sie in diesen Momenten geschäftsfähig.

Weiterhin kann die Geschäftsfähigkeit nur auf einem bestimmten Gebiet ausgeschlossen sein. Man spricht dann von der partiellen Geschäftsunfähigkeit.

Dazu ein Beispiel: Leidet eine Person unter einem Querulantenwahn, ist er für die Dauer eines Prozesses (der infolge seines Wahns in Gang gekommen ist) als geschäftsunfähig zu betrachten. Die Folge der Geschäftsunfähigkeit ist, dass z. B. Schenkungsverträge, die während der Geschäftsunfähigkeit geschlossen werden, nicht wirksam sind.

2. Das Rückforderungsrecht kann nur binnen drei Monaten ab Kenntniserlangung des Schenkers von dem entsprechenden Rückforderungsgrund geltend gemacht werden.

3. Nachgewiesene Verwendungen des Beschenkten auf den Grundbesitz und Ausgleichszahlungen werden den Erben des Beschenkten im Falle der Rückforderung erstattet, falls dieser vor dem Schenker verstirbt.

4. Das Rückforderungsrecht erlischt mit dem Tod des Schenkers.

5. Verstirbt der Beschenkte vor dem Schenker, erhält der Schenker unwiderruflich die Vollmacht auf den Todesfall zur Vornahme aller Handlungen, die zur Rückübertragung des Grundstücks erforderlich sind.

6. Das Rückforderungsrecht ist durch eine Vormerkung zu sichern, deren Eintragung auf dem Grundstück hiermit bewilligt und beantragt wird.

§ 6 Schriftformerfordernis

Mündliche Nebenabreden wurden nicht getroffen. Änderungen, Ergänzungen und Zusätze zu diesem Vertrag haben nur dann Gültigkeit, wenn sie zwischen den Parteien schriftlich vereinbart werden.

Anmerkung: Diese Klausel empfiehlt sich, um später Beweisschwierigkeiten zu vermeiden.

§ 7 Salvatorische Klausel

Die Unwirksamkeit einer der vorstehenden Klauseln berührt die Wirksamkeit des Vertrags im Übrigen nicht. Die Parteien werden an die Stelle einer unwirksamen Klausel eine solche setzen, die dem wirtschaftlichen Zweck in rechtlich zulässiger Weise am nächsten kommt.

Anmerkung: Diese Klausel gehört zur Standardformulierung fast jeden Vertrags. Sie besagt lediglich, dass jede Klausel für sich gesehen selbständig wirksam ist. Es ist nicht erst die Gesamtheit der Klauseln, die den Vertrag gültig macht.

....

Ort, Datum

....	....
Unterschrift Schenker	Unterschrift Beschenkter

Anmerkung: Wichtig ist, dass dieser Vertrag notariell beurkundet wird. Er ist sonst nicht wirksam!

9. Muster für einen Schenkungsvertrag mit Einräumung eines Nießbrauchrechts des Schenkers

Schenkungsvertrag

zwischen

....

....

....

(Schenker)
und

....

....

....

(Beschenkter)

§ 1 Vertragszweck

Der Schenker und der Beschenkte sind sich darüber einig, dass der Schenker dem Beschenkten unentgeltlich die in § 2 näher bezeichnete Immobilie zuwendet. Die Übertragung erfolgt ohne Gegenleistung ausgenommen den Nießbrauchvorbehalt. Der Beschenkte nimmt die Schenkung an.

Anmerkung: Ein Nießbrauch kann u. a. an Sachen (Grundstücken und beweglichen Sachen) bestellt werden. Der Nießbrauch ist das grundsätzlich nicht übertragbare und unvererbliche dingliche Recht, die Nutzungen des belasteten Gegenstands zu ziehen. Er kann durch den Ausschluss einzelner Nutzungen beschränkt werden. Die Bestellung richtet sich nach der Art des belasteten Objekts; bei der Belastung eines Grundstücks finden die Vorschriften über die Grundstücksrechte Anwendung.

Der Nießbraucher ist berechtigt, die Sachen in seinen Besitz zu nehmen und grundsätzlich umfassend zu nutzen. Allerdings darf er nicht die wirtschaftliche Art der Sache ändern. Der Nießbraucher muss für die Erhaltung der Sache Sorge tragen sowie die öffentlichen Lasten übernehmen. Gesetzliche Regelungen finden sich in den §§ 1030 ff. BGB.

§ 2 Vertragsgegenstand

Zwischen den Parteien herrscht darüber Einigkeit, dass der Beschenkte Eigentümer der unten bezeichneten Immobilie werden soll. Der Schenker ist im Grundbuch des Amtsgerichts

.... Band ....

Blatt .... in
Abteilung I als Alleineigentümer des folgenden
Grundstücks eingetragen:

Gemarkung :

Straße :

Flur/Flurstück-Nr.:

Quadratmeter Grundstück :

Im Grundbuch sind folgende Belastungen eingetragen:

Abteilung II:
....

....

....

Abteilung III:
....

....

Anmerkung: Vgl. dazu Kapitel 8.

Das Grundstück ist bebaut mit ....

Anmerkung: Bitte tragen Sie an dieser Stelle ein, ob und womit das Grundstück bebaut ist. Beispiele: Einfamilienhaus, Mehrfamilienhaus etc.

Das Eigentum am Haus folgt rechtlich dem Eigentum am Grundstück. Zur notwendigen Bestimmtheit der von der Schenkung erfassten Immobilie wird ein diesem Vertrag beizulegendes Verzeichnis erstellt. Dieses ist Bestandteil des Vertrags.

Anmerkung: In diesem Verzeichnis ist das Haus so detailliert wie möglich zu beschreiben.

§ 3 Regelungen des Nießbrauchs

1. Der Schenker behält sich auf seine Lebenszeit den unentgeltlichen Nießbrauch an dem vertragsgegenständlichen Grundbesitz mit der Maßgabe vor, dass er auch die außergewöhnlichen Lasten trägt. Die Eintragung des Nießbrauchs an nächst bereiter Rangstelle wird bewilligt und beantragt. Bei dem Nießbrauch ist zu vermerken, dass zur Löschung der Nachweis des Todes des Berechtigten genügt.

2. Weitere der wirtschaftlichen Sicherung des

Schenkers dienen den Vereinbarungen werden nicht gewünscht, insbesondere auch keine die Veräußerung hindernden Regelungen. Der Notar hat auf die Möglichkeit solcher Regelungen hingewiesen.

§ 4 Gewährleistung

1. Besitz, Nutzungen, Lasten und Gefahr sowie die Verkehrssicherungspflichten gehen ab sofort auf den Beschenkten über.

2. Der Grundbesitz übergeht unter Ausschluss jeder Gewähr für Sach- oder Rechtsmängel.

3. Das Haus wird weiterhin vom Schenker bewohnt. Anmerkung: Nutzungen sind z. B. die Miete, wenn das Haus auf dem Grundstück vermietet ist. Lasten sind Steuern und Abgaben. Unter den Verkehrssicherungspflichten versteht man die Pflicht, alles dafür zu tun, damit von dem Grundstück und dem Haus keine Gefahren für Dritte ausgehen, so z. B. die Streupflicht bei Schnee und Glatteis. Punkt 3 kann verändert werden, falls das Haus auf dem Grundstück vermietet ist; vgl. zum Ganzen Kapitel 5.

§ 5 Kosten

Die Kosten dieser Urkunde und ihres Vollzugs im Grundbuch sowie eine eventuell anfallende

Schenkungssteuer trägt der Beschenkte. Anmerkung: Vgl. zur Schenkungssteuer Kapitel 7.

§ 6 Schriftformerfordernis

Mündliche Nebenabreden wurden nicht getroffen. Änderungen, Ergänzungen und Zusätze zu diesem Vertrag haben nur dann Gültigkeit, wenn sie zwischen den Parteien schriftlich vereinbart werden.

Anmerkung: Diese Klausel empfiehlt sich, um später Beweisschwierigkeiten zu vermeiden.

§ 7 Salvatorische Klausel

Die Unwirksamkeit einer der vorstehenden Klauseln berührt die Wirksamkeit des Vertrags im Übrigen nicht.

Die Parteien werden an die Stelle einer unwirksamen Klausel eine solche setzen, die dem wirtschaftlichem Zweck in rechtlich zulässiger Weise am nächsten kommt.

Anmerkung: Diese Klausel gehört zur Standardformulierung fast jeden Vertrags. Sie besagt lediglich, dass jede Klausel für sich gesehen selbständig wirksam ist. Es ist nicht erst die Gesamtheit der Klauseln, die den Vertrag gültig macht.

....
Ort, Datum

....
Unterschrift Schenker Unterschrift Beschenkter

Anmerkung: Wichtig ist, dass dieser Vertrag notariell beurkundet wird. Er ist sonst nicht wirksam!

10. Muster für ein einfaches Schenkungsversprechen ohne Einräumung von Rechten

Ich, ...

schenke ....

50.000 Euro. Diesen Betrag muss er/sie sich später auf sein/ihr Erbe anrechnen lassen.

....
Ort, Datum

....
Unterschrift des Schenkers

Anmerkung: An dieser Stelle muss die notarielle Beglaubigung erfolgen! Wie bereits in Kapitel 3 erläutert, muss die Annahme der Schenkung nur dann notariell beurkundet werden, wenn eine Schenkung über ein Grundstück oder eine Immobilie erfolgt.

Ich nehme die Schenkung an.

....
Unterschrift des Beschenkten

11. Gesetzestexte

Bürgerliches Gesetzesbuch

§ 311b

Verträge über Grundstücke, das Vermögen und den Nachlass

(1) Ein Vertrag, durch den sich der eine Teil verpflichtet, das Eigentum an einem Grundstück zu übertragen oder zu erwerben, bedarf der notariellen Beurkundung. Ein ohne Beachtung dieser Form geschlossener Vertrag wird seinem ganzen Inhalt nach gültig, wenn die Auflassung und die Eintragung in das Grundbuch erfolgen.

(2) Ein Vertrag, durch den sich der eine Teil verpflichtet, sein künftiges Vermögen oder einen Bruchteil seines künftigen Vermögens zu übertragen oder mit einem Nießbrauch zu belasten, ist nichtig.

(3) Ein Vertrag, durch den sich der eine Teil verpflichtet, sein gegenwärtiges Vermögen oder einen Bruchteil seines gegenwärtigen Vermögens zu übertragen oder mit einem Nießbrauch zu belasten, bedarf der notariellen Beurkundung.

(4) Ein Vertrag über den Nachlass eines noch lebenden Dritten ist nichtig. Das Gleiche gilt von einem Vertrag über den Pflichtteil oder ein Vermächtnis aus dem

Nachlass eines noch lebenden Dritten.

(5) Absatz 4 gilt nicht für einen Vertrag, der unter künftigen gesetzlichen Erben über den gesetzlichen Erbteil oder den Pflichtteil eines von ihnen geschlossen wird. Ein solcher Vertrag bedarf der notariellen Beurkundung.

§ 516

Begriff der Schenkung

(1) Eine Zuwendung, durch die jemand aus seinem Vermögen einen anderen bereichert, ist Schenkung, wenn beide Teile darüber einig sind, dass die Zuwendung unentgeltlich erfolgt.

(2) Ist die Zuwendung ohne den Willen des anderen erfolgt, so kann ihn der Zuwendende unter Bestimmung einer angemessenen Frist zur Erklärung über die Annahme auffordern. Nach dem Ablauf der Frist gilt die Schenkung als angenommen, wenn nicht der andere sie vorher abgelehnt hat. Im Falle der Ablehnung kann die Herausgabe des Zugewendeten nach den Vorschriften über die Herausgabe einer ungerechtfertigten Bereicherung gefordert werden.

§ 518

Form des Schenkungsversprechens

(1) Zur Gültigkeit eines Vertrags, durch den eine Leistung schenkweise versprochen wird, ist die notarielle Beurkundung des Versprechens erforderlich. Das Gleiche gilt, wenn ein Schuldversprechen oder ein Schuldanerkenntnis der in den §§ 780, 781 bezeichneten Art schenkweise erteilt wird, von dem Versprechen oder der Anerkennungserklärung.

(2) Der Mangel der Form wird durch die Bewirkung der versprochenen Leistung geheilt.

§ 519

Einrede des Notbedarfs

(1) Der Schenker ist berechtigt, die Erfüllung eines schenkweise erteilten Versprechens zu verweigern, soweit er bei Berücksichtigung seiner sonstigen Verpflichtungen außerstande ist, das Versprechen zu erfüllen, ohne dass sein angemessener Unterhalt oder die Erfüllung der ihm kraft Gesetzes obliegenden Unterhaltspflichten gefährdet wird.

(2) Treffen die Ansprüche mehrerer Beschenkten zusammen, so geht der früher entstandene Anspruch vor.

§ 521

Haftung des Schenkers

Der Schenker hat nur Vorsatz und grobe Fahrlässigkeit zu vertreten.

§ 523

Haftung für Rechtsmängel

(1) Verschweigt der Schenker arglistig einen Mangel im Recht, so ist er verpflichtet, dem Beschenkten den daraus entstehenden Schaden zu ersetzen.

(2) Hatte der Schenker die Leistung eines Gegenstandes versprochen, den er erst erwerben sollte, so kann der Beschenkte wegen eines Mangels im Recht Schadensersatz wegen Nichterfüllung verlangen, wenn der Mangel dem Schenker bei dem Erwerb der Sache bekannt gewesen oder infolge grober Fahrlässigkeit unbekannt geblieben ist. Die für die Haftung des Verkäufers für Rechtsmängel geltenden Vorschriften des § 433 Abs. 1 und der §§ 435, 436, 444, 452, 453 finden entsprechende Anwendung.

§ 524

Haftung für Sachmängel

(1) Verschweigt der Schenker arglistig einen Fehler der verschenkten Sache, so ist er verpflichtet, dem Beschenkten den daraus entstehenden Schaden zu ersetzen.

(2) Hatte der Schenker die Leistung einer nur der Gattung nach bestimmten Sache versprochen, die er erst erwerben sollte, so kann der Beschenkte, wenn die geleistete Sache fehlerhaft und der Mangel dem Schenker bei dem Erwerb der Sache bekannt gewesen oder infolge grober Fahrlässigkeit unbekannt geblieben ist, verlangen, dass ihm anstelle der fehlerhaften Sache eine fehlerfreie geliefert wird. Hat der Schenker den Fehler arglistig verschwiegen, so kann der Beschenkte statt der Lieferung einer fehlerfreien Sache Schadensersatz wegen Nichterfüllung verlangen. Auf diese Ansprüche finden die für die Gewährleistung wegen Fehler einer verkauften Sache geltenden Vorschriften entsprechende Anwendung.

§ 525

Schenkung unter Auflage

(1) Wer eine Schenkung unter einer Auflage macht, kann die Vollziehung der Auflage verlangen, wenn er seinerseits geleistet hat.

(2) Liegt die Vollziehung der Auflage im öffentlichen Interesse, so kann nach dem Tod des Schenkers auch die zuständige Behörde die Vollziehung verlangen.

§ 526

Verweigerung der Vollziehung der Auflage

1 Soweit infolge eines Mangels im Recht oder eines Mangels der verschenkten Sache der Wert der Zuwendung die Höhe der zur Vollziehung der Auflage erforderlichen Aufwendungen nicht erreicht, ist der Beschenkte berechtigt, die Vollziehung der Auflage zu verweigern, bis der durch den Mangel entstandene Fehlbetrag ausgeglichen wird.

2 Vollzieht der Beschenkte die Auflage ohne Kenntnis des Mangels, so kann er von dem Schenker Ersatz der durch die Vollziehung verursachten Aufwendungen insoweit verlangen, als sie infolge des Mangels den Wert der Zuwendung übersteigen.

§ 528

Rückforderung wegen Verarmung des Schenkers

(1) Soweit der Schenker nach der Vollziehung der Schenkung außerstande ist, seinen angemessenen Unterhalt zu bestreiten und die ihm seinen Verwandten, seinem Ehegatten, seinem Lebenspartner oder seinem früheren Ehegatten oder Lebenspartner gegenüber

gesetzlich obliegende Unterhaltspflicht zu erfüllen, kann er von dem Beschenkten die Herausgabe des Geschenkes nach den Vorschriften über die Herausgabe einer ungerechtfertigten Bereicherung fordern. Der Beschenkte kann die Herausgabe durch Zahlung des für den Unterhalt erforderlichen Betrags abwenden. Auf die Verpflichtung des Beschenkten findet die Vorschrift des § 760 sowie die für die Unterhaltspflicht der Verwandten geltende Vorschrift des § 1613 und im Falle des Todes des Schenkers auch die Vorschrift des § 1615 entsprechende Anwendung.

(2) Unter mehreren Beschenkten haftet der früher Beschenkte nur insoweit, als der später Beschenkte nicht verpflichtet ist.

§ 528

Rückforderung wegen Verarmung des Schenkers

(1) Soweit der Schenker nach der Vollziehung der Schenkung außerstande ist, seinen angemessenen Unterhalt zu bestreiten und die ihm seinen Verwandten, seinem Ehegatten, seinem Lebenspartner oder seinem früheren Ehegatten oder Lebenspartner gegenüber gesetzlich obliegende Unterhaltspflicht zu erfüllen, kann er von dem Beschenkten die Herausgabe des Geschenkes nach den Vorschriften über die Herausgabe einer ungerechtfertigten Bereicherung fordern. Der Beschenkte kann die Herausgabe durch Zahlung des für den Unterhalt erforderlichen Betrags abwenden. Auf

die Verpflichtung des Beschenkten findet die Vorschrift des § 760 sowie die für die Unterhaltspflicht der Verwandten geltende Vorschrift des § 1613 und im Falle des Todes des Schenkers auch die Vorschrift des § 1615 entsprechende Anwendung.

(2) Unter mehreren Beschenkten haftet der früher Beschenkte nur insoweit, als der später Beschenkte nicht verpflichtet ist.

§ 529

Ausschluss des Rückforderungsanspruchs

(1) Der Anspruch auf Herausgabe des Geschenkes ist ausgeschlossen, wenn der Schenker seine Bedürftigkeit vorsätzlich oder durch grobe Fahrlässigkeit herbeigeführt hat oder wenn zur Zeit des Eintritts seiner Bedürftigkeit seit der Leistung des geschenkten Gegenstandes zehn Jahre verstrichen sind.

(2) Das Gleiche gilt, soweit der Beschenkte bei Berücksichtigung seiner sonstigen Verpflichtungen außerstande ist, das Geschenk herauszugeben, ohne dass sein standesmäßiger Unterhalt oder die Erfüllung der ihm kraft Gesetzes obliegenden Unterhaltspflichten gefährdet wird.

§ 530

Widerruf der Schenkung

(1) Eine Schenkung kann widerrufen werden, wenn sich der Beschenkte durch eine schwere Verfehlung gegen den Schenker oder einen nahen Angehörigen des Schenkers groben Undanks schuldig macht.

(2) Dem Erben des Schenkers steht das Recht des Widerrufs nur zu, wenn der Beschenkte vorsätzlich und widerrechtlich den Schenker getötet oder am Widerruf gehindert hat.

§ 1030

Gesetzlicher Inhalt des Nießbrauchs an Sachen

(1) Eine Sache kann in der Weise belastet werden, dass derjenige, zu dessen Gunsten die Belastung erfolgt, berechtigt ist, die Nutzungen der Sache zu ziehen (Nießbrauch).

(2) Der Nießbrauch kann durch den Ausschluss einzelner Nutzungen beschränkt werden.

Made in United States
Troutdale, OR
11/03/2026

56844369R00035